이두호의
머털이 한국사

이두호의 머털이 한국사 ❽

1판 1쇄 발행 | 2014년 2월 28일
1판 3쇄 발행 | 2018년 10월 26일

이은홍 글 | 이두호 그림

발행처 김영사 | **발행인** 고세규
편집 고영완 **디자인** 김민혜
등록번호 제406-2003-036호 | **등록일자** 2006. 12. 22.
주소 경기도 파주시 문발로 197 (우 10881)
전화 마케팅부 031-955-3102 편집부 031-955-3168 팩스 031-955-3160

ⓒ 2014, 2016 이은홍, 이두호
이 책의 저작권은 저자에게 있습니다. 저자와 출판사의 허락 없이 내용의 일부를 인용하거나
발췌하는 것을 금합니다.

값은 표지에 있습니다.
ISBN 978-89-349-6140-6 74910
ISBN 978-89-349-6143-7 (세트)

좋은 독자가 좋은 책을 만듭니다. 김영사는 독자 여러분의 의견에 항상 귀 기울이고 있습니다.
독자의견전화 031-955-3139 | 전자우편 book@gimmyoung.com
홈페이지 | www.gimmyoungjr.com | 어린이들의 책놀이터 cafe.naver.com/gimmyoungjr

이 도서의 국립중앙도서관 출판시도서목록(CIP)은 서지정보유통지원시스템
홈페이지(http://seoji.nl.go.kr)와 국가자료공동목록시스템(http://www.nl.go.kr/kolisnet)에서
이용하실 수 있습니다. (CIP제어번호 : CIP2014005971)

어린이제품 안전특별법에 의한 표시사항

제품명 도서 제조년월일 2018년 10월 26일 제조사명 김영사 주소 10881 경기도 파주시 문발로 197
전화번호 031-955-3100 제조국명 대한민국 ⚠주의 책 모서리에 찍히거나 책장에 베이지 않게 조심하세요.

이두호의 머털이 한국사 ⑧

대한 제국

이은홍 글 | 이두호 그림
이근호(명지대 인문과학연구소 연구교수) 감수

주니어김영사

| 추천자의 말 |

역사는 미래다

　세계의 많은 나라와 민족들이 그들만의 역사를 가지고 있습니다. 역사는 단순히 지난날의 기록에 머무르지 않습니다. 선조들의 경험과 지혜, 슬픔과 반성, 번영과 영광이 녹아 있는 역사를 통해 현재를 살아갈 정체성을 만들어 가고 미래를 대비하고 꿈꿉니다. 역사는 한마디로 과거, 현재, 미래를 잇는 어마어마한 연결고리라고 할 수 있지요. 이런 의미에서 역사 교육에 대한 중요성은 아무리 강조해도 지나침이 없을 겁니다. 특히 미래의 중심이 되어야 할 어린이와 청소년들이 제 나라의 소중한 역사를 알아야 하는 것은 지극히 당연하고 꼭 필요한 일이지요. 그런데 시험, 취업이라는 눈앞에 닥친 현실적인 이유로 어린이들과 청소년들에게 국사가 외면을 받고 있는 것이 현실입니다. 역사를 단순히 학교 교과목 중의 하나로밖에 생각하지 않는 것이지요.

　다행히 이를 안타깝게 생각하는 역사 전문가들과 일반 국민들 사이에서 초·중·고등학교의 역사 교육이 강화되어야 한다는 목소리가 높아지고 있습니다. 이에 발맞추어 국회에서는 이를 입법화하려는 움직임이 일어나고 있습니다. 선진국이라 불리는 미국이나 일본 등에서는 일찍부터 국사 교육이 필수입니다. 선진국에서는 왜 자국의 역사를 필수로 지정해서 교육하고 있는지 생각해 볼 필요가 있습니다. 한 나라의 국민으로 살아가면서 자신이 속한 나라의 역사를 알아야 세계화 시대에 중심을 잡아 주는 가치관을 형성할 수 있고 주변 나라의 역사를 이해함으로써 세계화에 걸맞은 폭넓은 시야를 가질 수 있습니다. 그렇기 때문에 역사 교육을 절대 소홀히 할 수 없는 것이랍니다.

  역사에 대한 이해는 다양한 매체 또는 방법을 통해서 이루어질 수 있습니다. 다만 어린이나 청소년에게 쉽게 전달되고 이해되어야 합니다. 그런 점에서 〈이두호의 머털이 한국사〉는 어린이들이 한국사를 이해하는 데에 지침서가 될 만하다고 생각합니다.

  이 책은 한국적 화풍의 당대 최고 만화가이며 머털이를 탄생시킨 이두호 선생님이 직접 만화를 그리고, 어린이들과 청소년들에게 살아 있는 역사 이야기를 들려준 이은홍 선생님이 글을 썼습니다. 엉뚱하면서도 순박하고 호기심 많은 머털이와 개성 강한 도사님들이 펼쳐 가는 한국사 여행에 일단 발을 들이는 순간, 여러분의 우리나라 역사 이야기 속에 금세 빠져들고 말 겁니다. 만화적 재미와 역사적 사실에 대한 흥미를 함께 얻을 수 있는 훌륭한 한국사 지침서로 감히 적극 추천합니다.

이근호

| 글 작가의 말 |

역사 이야기에 눈과 귀를 열다

여러분은 컴퓨터를 켜고 인터넷 접속을 하면 맨 먼저 무얼 하나요? 저는 포털사이트 대문에 올라 있는 뉴스부터 본답니다. 세상 곳곳에서 어찌나 많은 일들이 일어나고 있는지요.
쓱 훑어만 봐도 꽤 많은 시간이 걸립니다. 아마 이메일을 주고받고 일 때문에 필요한 자료 검색을 하고 여러 생활정보를 찾는 시간을 다 합쳐도 뉴스 보는 시간보다 짧지 싶어요.

게다가 날마다 배달되는 신문도 봅니다. 밤마다 텔레비전 뉴스도 거의 빼먹지 않아요. 무슨 뉴스를 그리 많이 보냐고요? 제 아내도 가끔 그런 소리를 합니다. 그럴 때 제 대답은 이렇습니다. "세상 돌아가는 걸 알아야지!" 아내가 한 마디 더 합니다. "모든 뉴스를 다 봐야 세상을 아는 거냐?" 물론 그렇지 않죠. 제가 세상 모든 뉴스를 다 볼 수도 없고요. 여러 미디어를 통해 오랜 시간 뉴스를 보는 건 오로지 사건의 소식이나 정보만이 궁금해서가 아니랍니다. 언론사나 기자에 따라 사건을 보는 눈이 다 다르거든요. 같은 사실을 전하더라도 다른 해석이나 의견이 곁들여 있다는 거죠. 우리들 일상에서도 한 가지 일을 두고 친구나 가족들이 다른 해석들을 내놓곤 하잖아요? 그럴 땐 어떻게 하죠? 쉽지는 않겠지만, 먼저 다른 사람의 의견과 생각을 잘 듣고 내 생각을 정리해 보는 게 옳은 일일 것입니다. 제가 여러 뉴스를 살피는 것도 바로 그런 이유랍니다. 여러 갈래로 해석이 다른 뉴스들을 통해 내 생각을 정리하는 것!

그런데 역사를 다룬 만화책 앞머리에서 왜 뉴스 이야기를 하냐고요? 저는 역사도 뉴스와 같다고 생각합니다. 당장 일이 어렵거나 미래 어떤 일을 세워 나갈 때 우리는 지나간 역사를 통해 교훈을 얻습니다. 우리에게 닥칠 일들이 늘 새롭게 마련이듯이 역사가 주는 교훈도 늘 새로울 것입

니다. 새로운 소식과 정보를 주는 뉴스처럼 역사도 우리에게 항상 새로운 깨우침을 전해 준다는 말이지요. 또 역사도 뉴스처럼 하나의 사실을 두고 다른 해석이 많답니다. 시대마다, 책마다, 사람마다 다르지요. 왕과 농부가 겪은 역사는 다를 것입니다. 일제 강점기 친일파와 독립군이 바라보던 역사도 하늘과 땅 차이겠죠. 그러니 역사를 좀 안다고 하려면 어찌 해야 합니까? 여러 시각에서 역사를 바라보고, 다양한 해석과 의견에 귀 기울여야 하지 않겠습니까? 골치 아프고 어렵다고요?

 이쯤해서 아까부터 꾹 참았던 말을 해야겠네요. 바로 이 책 〈이두호의 머털이 한국사〉 책 자랑 말입니다. 이 책을 만들며 작가들과 편집진들이 가장 힘을 기울인 게 바로 그 부분입니다. 여러 역사학자들의 다양한 해석들과 새롭게 발굴되는 유적\유물에 따른 연구 성과를 발 빠르게 담아내기 위해 힘 좀 썼다는 거죠. 자랑거리가 하나 더 있습니다.
 이두호 선생님의 그림과 장면 연출입니다. 역사 현장을 때로는 현미경으로 들여다보듯 촘촘하게, 때로는 높은 하늘에서 독수리눈으로 내려다보듯 웅장하게! 그야말로 생생하게 펼쳐주셨지요.
 이두호 선생님과 함께했기에 저는 설레는 마음으로 이 책의 글 작업을 하였고, 그 사실이 무척 자랑스럽답니다.

월악산 아래 산골 마을에서

이은홍

| 그림 작가의 말 |

행복하고 즐거운 역사 이야기

사람들은 나를 '바지저고리' 만화가라고 부릅니다. 평소에 한복 바지저고리를 즐겨 입고 다녀서 그런 것이 아니라, 언제부터인가 한복을 입은 조선 민초들의 삶에 관심을 두고 그들의 이야기를 만화로 쭉 그려왔기 때문입니다. 억울함을 호소할 길 없이 당하고만 사는 힘없는 조선 백성들의 삶에 마음이 끌렸고, 만화 속에서라도 그들의 억울함과 고단함 같은 마음의 응어리를 풀어 주고 싶었습니다. 그들이 힘이 없던 것은 지배층에 한정된 지식, 즉 오랜 세월에 걸쳐 쌓인 선조들의 지혜를 접하거나 활용할 기회가 거의 없었기 때문이라고 생각했습니다.

그래서 나는 대한민국의 미래를 이끌 어린이들에게 제대로 된 역사의 거름을 주고 싶다는 소망을 품었습니다. 어떻게 하면 역사를 배우고 알아야 하는 이유와 의미를 잘 전달할 수 있을까 고민하다가 나의 사랑스런 캐릭터인 머털이를 통해 하고 싶은 이야기를 하면 좋겠다 싶었습니다. 순수하고 천진난만한 머털이가 어린이의 마음을 가장 잘 이해할 수 있으리라 생각했습니다. 부모님들에겐 어린 시절의 옛 친구를 만나는 기회가 될 것이기도 하고요.

학습만화를 그린 것은 이번이 처음입니다. 정확한 역사 현장을 재현하고 싶은 마음에 부담감이 많았지만 그보다는 역사 이야기로 어린이들과 처음 만난다는 것에 더 설렜습니다. 최대한 정확한 자료를 바탕으로 사실감 있는 그림을 그리려고 노력했습니다. 그래서 역사적 고증이 안 된 고대사 부분에서는 자료만 찾다가 며칠씩 보내는 날이 수두룩했습니다. 〈이두호의 머털이 한국사〉의 앞 권에서는 역사 사실보다는 그 의미와 의의를 강조하면서 확실한 것 중심으로 짚었습니

다. 비교적 사료가 많은 조선 시대에서는 좀 더 작업이 수월했습니다. 매 장면을 검증하고 하나하나에 정성을 쏟다 보니 4년이라는 시간도 모자랐습니다.

　어릴 적 나는 순수 미술을 하는 화가가 되고 싶었습니다. 만화를 그리기 시작하면서도 오랫동안 버리지 못한 꿈이었지요. 하지만 그냥 만화가가 아니라 '어떤 만화가가 되어야 할까?'를 생각하기 시작한 뒤부터는 한 번도 만화가의 길에 들어선 것을 후회하지 않았습니다. 나의 만화 한 컷 한 컷이 독자들에게 어떤 영향을 미칠까 하는 설렘으로 행복했기 때문입니다. 〈이두호의 머털이 한국사〉를 하면서는 이런 행복감이 두 배였습니다. 역사 이야기를 즐겁게 풀어 써 준 이은홍 선생을 만났고 역사에 대한 나의 생각을 나의 오랜 친구인 머털이를 통해 보여 줄 수 있었으니까요.

　머털이도 나만큼 인간이 되고 싶었나 봅니다. 제일봉에 들어가 오랫동안 누덕 도사의 시중을 들며 요괴 잡는 도술을 배웠지만 사람이 되는 것만큼 매력적이지 않았던 모양입니다. 21세기의 대한민국의 보통 아이가 되고 싶어 하는 머털이를 위해 여러분이 함께 역사 여행을 떠나 주시겠어요?

이두호

| 등장인물 소개 |

머털이

조선이 언제까지나 문을 닫고 살 수는 없었겠지만 19세기 말 조선의 개항은 외세에 의해 반강제로 이루어졌다는 점, 백성들에게 오히려 고통을 안겨 주었다는 점에서 그다지 반가운 일만은 아니었던 것 같아. 수출이 좋은 일인 줄로만 알았는데 쌀 수출로 인해 백성들의 삶이 더 어려워졌다는 사실은 굉장히 놀라웠지. 우리 조상들은 이 시기의 급격한 변화에 어떻게 대처했을까?

또매

백성들이 스스로 살 길을 찾으려는 시도였던 동학 농민 운동이 정부도 아닌 일본 군에 짓밟힌 일은 힘이 약한 나라의 비극이었던 것 같아. 게다가 왕후가 일본의 낭인들에 살해당한 을미사변은 아무리 생각해도 있을 수 없는 국가적 범죄였지. 하지만 대한 제국을 선포하여 외세의 간섭에서 벗어나 자주권을 행사하겠다는 의지를 보여 준 일은 자랑스러웠어.

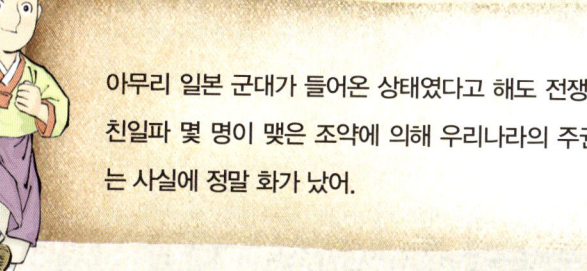

방실이

아무리 일본 군대가 들어온 상태였다고 해도 전쟁을 벌인 것도 아닌데, 친일파 몇 명이 맺은 조약에 의해 우리나라의 주권이 일본에 넘어갔다는 사실에 정말 화가 났어.

누덕 도사

19세기 말에는 짧은 시간 동안 정말 많은 사건이 일어났어. 그래도 역사는 희망을 향해 나아간다는 사실을 아이들이 알았으면 해.

누룩 거사

나라의 주권을 외세에 빼앗기고 백성들의 삶이 어려워졌다고 해도 일부 사람들은 여전히 자신들의 이익만 챙겼지. 그런 세상이 다시는 오지 않겠지?

왕질악 도사

아무리 어려운 상황이 닥쳐도 우리 백성들이 나서서 역사를 제대로 이끌기 위해 노력했다는 점, 일본에 대항해서 싸운 의병들이 있었다는 사실을 기억해.

| 차례 |

| 머리말 |

1화 개항과 임오군란
개화의 싹이 트다 _14

2화 갑신정변과 전국 민란
사람이 하늘이다 _54

3화 동학 농민 운동
개혁으로 들끓는 산하 _94

4화 을미사변
새야 새야 파랑새야 _124

5화 대한 제국 선포와 독립협회
대한 제국 _156

6화 을사조약
오늘을 목 놓아 우노라! _192

| 더 궁금한 역사 이야기 |
조선 시대 말기 동북아시아의 정세와 대한 제국 선포

개화의 싹이 트다

그 옛날, 고구려, 백제, 신라에서도

수백 년 전 고려에서도

그리고 조선 시대까지….

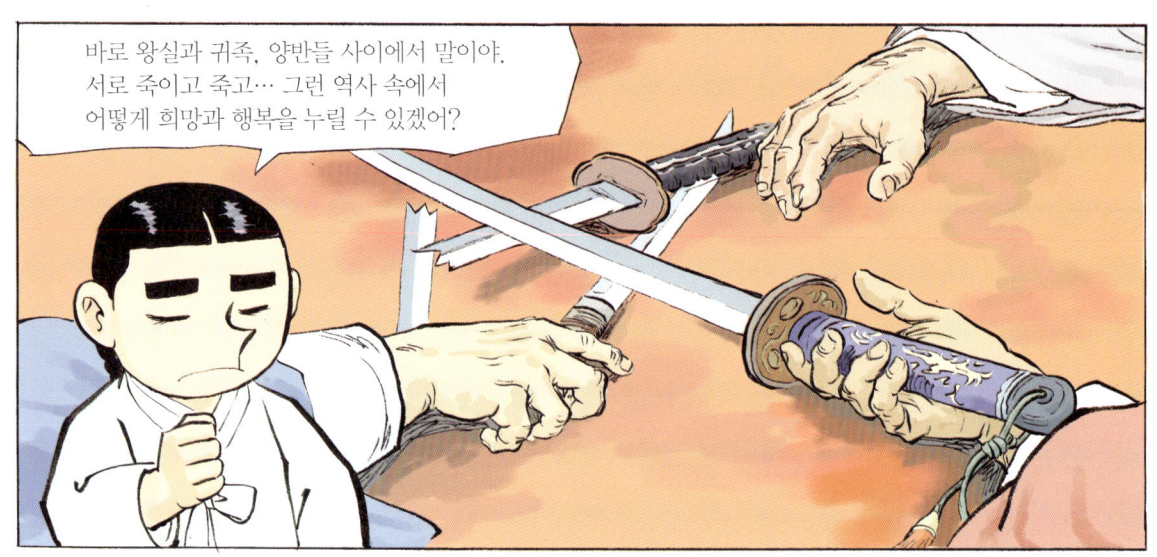

"그런데 이 대목에서 한 가지 짚고 넘어갈 게 있어!"

"권력을 쥔 왕이나 귀족들이 행복하지 않았던 것처럼 그들이 다 끔찍한 역사를 만든 것도 아니었다는 점!"

"정말 영웅이나 위인으로 불릴 만한 어진 임금, 훌륭한 귀족과 양반들도 많았어! 나라를 지켜 내고 빛내신 분들 말이야."

연암 박지원의 손자 박규수(1807~1877)와 역관 출신 오경석, 유홍기(일명 유대치) 등이 중심이 되어 청년들을 박규수의 사랑방에 모아 외국의 사정과 문물을 익히게 하였으니

쇄국을 주장하던 대원군과 달리 젊은 국왕(고종)과 척족* 민씨 세력은 개화 정책에 매우 적극적이었다. 부산 개항 두 달 만에 76명의 사신단을 일본으로 보내 그들의 문물을 살피게 하였고, 1879년에는 원산항을 추가로 열었다.

*척족: 성이 다른 일가. 여기에서는 왕의 처가.

1880년에는 외국과의 교류를 총괄하는 새로운 관청을 세웠으니 이를 '통리기무아문'이라 한다.

이듬해(1881) 조선 정부는 청나라에 영선사(정부에서 선발한 유학생 사절단)를 파견하여 군사 무기 제조 기술과 외국어를 익히게 하였다(1881. 9~1882. 11).

같은 해 4월, 1876년과 1880년에 이어 세 번째로 60여 명의 시찰단을 일본에 파견하여 그들의 국정 전반을 살펴보게 하였으니 이를 '신사유람단'이라 한다(1881. 4~1881. 7).

이를 통해 1881년에는 신식 군대인 별기군이 창설되었으니 양반 자제 출신 80여 명으로 구성된 조선 최초의 근대식 군대이다.

이어서 1882년 5월에는 미국과 수호통상조약을 맺었고 1883년에는 영국, 독일과 국교를 수립하고 통상을 허용하게 되었으니

조선은 어느새 세계라는 무대에 훌쩍 올라선 처지가 되었구나.

와

전국의 선비들이 일어나 개화 정책에 반대를 하고 나섰지. 특히 영남 지역 선비 만 명은 '영남 만인소'를 임금께 올렸고, 경기, 강원, 충청, 호남의 선비들이 줄을 지어 상소를 올렸다. 이로 인해 광화문 앞은 늘 전국에서 몰려든 선비들로 북적거렸다고 한다

더구나 쏟아져 들어오는 서양의 상품들은 예전엔 전혀 볼 수 없었던 것들이어서 신기하기도 했으나 당혹감도 더해 주었어.

쌀뿐만 아니라 모든 물가가 올라 백성들 삶은 어려워졌으나 정부는 이런 민생을 돌보지 않았단다. 1882년 6월 5일, 마침내 궁궐의 코 앞인 선혜청에서 사건이 터지고 말았다.

병사들의 월급 날이었다. 신식 군대인 별기군에게는 급료가 잘 지급되고 있었으나 기존 군대의 병사들에게는 보통 7개월에서 많게는 13개월까지 급료가 밀려 있던 상황이었다.

국왕의 부탁으로 대원군이 입궐해서야 이 사태는 진정되었다. 대원군은 별기군을 없애고 구식 군대를 부활시킬 것과 밀린 급료를 지급하기로 약속했다. 그리고 백성들이 개화 정책을 주도한 인물로 여긴 민비가 사망했음을 발표했다. 살아서 피신해 있던 민비를 죽었다고 한 것이다.

모든 일은 내가 바로잡을 것이니 군인들과 백성들은 그만 멈추시오.

만세~대원군 대감 만세~

정말 뜻밖이네.

개항 이전으로 돌아가나?

대원군이 다시 권력을 잡은 건가요?

아니 대원군은 한 달여만에 다시 물러나게 된다.

조선의 개화 정책이 무너지는 것을 원치 않았던 일본과 청나라는 각자 군대를 보내 조선을 협박했단다.

대원군은 청을 이용해 일본을 견제하려 했으나 오히려 7월 13일, 청에 납치를 당해 중국 텐진으로 끌려가고 만다.

그리고 7월 5일, 민비는 청 군 100여 명의 호위를 받으며 충주에서 올라와 다시 권력의 실세로 복귀했다.

결국 청은 이 일로 조선에 대한 영향력을 키울 수 있었고 일본 또한 거류민과 외교관을 보호한다는 구실로 파견 군사를 늘리고 교역량도 늘리는 조약(제물포 조약)을 새로 맺게 되었다.

민비의 지지를 내세운 청의 군사들은 난동을 일으켰다. 주모자를 마저 찾는다며 군인 가족들이 사는 왕십리와 이태원의 군인 거주지를 습격하여 백여 명을 체포하고 그중 11명을 처형하는 만행을 저지르기도 했다.

이로써 고종과 민비 척족 세력은 다시 권력을 쥐고 개화 정책을 펴 나갈 수 있게 되었으나

과거처럼 민생을 돌보지 않기는 마찬가지였단다.

오히려 조선 정부 안에서 청과 일본을 지지하는 세력이 나뉘어져 새로운 대립과 갈등을 불러 온 계기가 되었을 뿐이다.

1대 교주이신 수운 최제우(1824~1864) 선생이 돌아가신 후

해월 최시형(1827~1898) 선생이 2대 교주가 되어 동학을 다시 일으키셨단다.

최시형 선생은 20여 년 동안 전국을 다니시며 동학을 전파하셨고

틈틈이 동학 경전들을 정리하여 책(동경대전 등)으로 펴내기도 하셨다.

*척왜양: 일본과 서양 세력을 배척함. *보국안민: 나라를 돕고 편안하게 함.

김옥균, 박영효, 서광범, 홍영식 등이 대표적인 인물이다.

김옥균

박영효

서광범

홍영식

이들 중 지도자 격인 김옥균은 개항 이후 일본을 드나들며 일본식 근대화에 큰 관심을 갖게 되었다. 그는 또 양반 제도와 세도 문벌을 없애는 등 급격한 개혁 정책으로 조선이 바뀌기를 꿈꾸었다.

일본이 동양의 영국이라면 조선은 동양의 프랑스가 될 것이오. 자주적이고 부강한 나라 조선을 함께 만듭시다.

사람이 하늘이다

하지만 임오군란 이후, 이들 개화당은 나라 안팎으로부터 가해지는 제약 때문에 크게 움츠러 들었으니 바로 청과 민비, 민비의 척족들이 제동을 걸고 나섰기 때문이다.

민비 세력은 임오군란 때 청의 도움으로 다시 권력을 쥐고 난 뒤 급속도로 청과 가까워졌다. 조선의 외교 정책과 개화 정책 모두를 청에 의지하게 된 것이다.

이때에 이르러 김옥균을 중심으로 한 개화당을 급진 개화파로, 청에 의존하는 민비 세력을 청당, 혹은 사대당이라 구분하게 되었단다.

1884년 10월. 김옥균은 일본 공사 다케조에를 설득해 군사 지원과 거사 후 재정 지원을 약속 받았다. 조선에 대한 청의 영향력 확대를 우려하던 일본으로서는 좋은 기회라 여겼지.

김옥균 일행은 창덕궁으로 가서 임금과 왕비를 깨워 변고가 있음을 알리며 피신하라고 재촉했다.

그날 밤 뒤늦게 소식을 들은 대신들이 경우궁으로 달려오자 개화당 세력은 그들 가운데 사대당 주도 세력을 골라 국왕의 명이라며 죽이거나 가두었다.

어명이니 이들을 잡아 가두어라!

거사 다음 날(2일째), 개화당은 왕실 종친들과 일부 온건한 민씨 세력을 아우른 임시 내각을 발표하였다. 그리고 각국 공사관에 군사를 보내 경비하게 하고 외교관들을 경우궁으로 데려와 국왕을 배알하게 하였다.

우리 정부가 새롭게 구성되었다고 저들에게 말해 주시오.

예~, 전하.

이는 국제적으로 정변을 공식화하는 행위였으며 국왕도 동조함을 세상에 알리고자 하는 의도였단다.

거사 첫날부터 일본 군이 궁궐에 드나들던 것을 본 백성들은 이 정변 역시 일본이 개화당과 짜고 역모를 일으켜 조선 왕실을 망하게 하려는 것이라고 받아들였지. 백성들은 오히려 과장된 소문에 휘둘리며 일본과 개화당에 대한 분노를 높여 갔단다.

하지만 개화당들은 백성들 여론보다 청의 움직임에 더 촉각을 곤두세웠다.

이런 가운데 조선에도 많은 변화가 일어나고 있었다. 1883년 함경남도 원산의 관과 민이 합세하여 우리나라 최초의 근대식 교육기관인 '원산학사'를 세웠다. 수학과 외국어, 세계지리 등을 조선인과 외국인 강사들이 함께 가르쳤다.

1885년 서울에는 미국인 선교사가 최초로 '배재학당'을 세웠고

배재학당

1886년에는 역시 미국인 선교사에 의해 최초의 여성 교육기관인 '이화학당'이 서울에 세워졌다.

이화학당

사람이 하늘이다 **85**

1885년부터 외국인 선교사가 허용되자 기독교 교회가 생겨나기 시작했으며

우리나라 최초의 장로교회 정동교회

최초의 서양식 의료기관인 제중원도 1885년 문을 열었다.

제중원

그리고 1887년 경복궁 향원정 옆에 발전소 건물을 짓고 가로등을 세웠으니 조선 최초로 밝혀진 전깃불이었다.

1885년 서울과 인천 간에 처음 전신선(전보용 전선)이 가설된 이래 서울과 평양, 의주 그리고 1888년에는 서울에서 충남과 호남을 지나 부산에 이르기까지 전신선이 놓였다.

주로 정부 관리들끼리 업무를 위한 전보가 오고 갔단다.

우아~! 세상이 확 바뀌긴 바뀌었네요!

그건 아니지.

새로 들어온 문물들은 적은 수의 사람들만 누릴 수 있었을 뿐, 대부분 백성들과는 거리가 멀었다.

오히려 대부분의 백성들은 개항 이후 십수 년이 흐르는 동안 살림살이가 더욱 어려워져 갔단다.

항구 공사와 전신선 공사 등으로 재정이 매우 빈약하오니 새로운 화폐를 만들고 세금을 더 올릴 수 있도록 윤허하소서.

어쩔 수 없군요.

늘어난 세금뿐만 아니라 쌀값이 크게 오르고 국내 공산품 가격이 폭락하면서 농촌 백성들과 도시의 상인들까지 큰 곤란을 겪게 되었어.

이 때문에 전국 각지에선 민란이 끊이질 않았고.

1890년 1월에는 서울 시전의 상인들 수백 명이 모두 상점문을 닫고 시위를 벌이는 일까지 생겨났다.

일본상인 물러가라

*안학사: 조선 후기에, 지방에서 발생하는 민란을 수습하기 위하여 파견하던 임시 벼슬.

이에 다시금 백성들의 분노가 커지자 전봉준은 오랜 벗인 손화중이 접주*로 있는 무장으로 가 김개남 등과 더불어 창의문(의병 봉기를 알리는 글)을 내고 농민군을 모았다(1894년 4월 말경).

전봉준 (1855~1895)
김개남 (1853~1895)
손화중 (1861~1895)

*접주 : 동학에서 조직의 단위인 접의 우두머리.

탐관오리를 처단하자

일본 오랑캐를 몰아내자

와 와 와

무장현 농민들은 물론 고부, 태인 등 인근 고을 농민들이 속속 모여들었다. 기세가 오른 1만여 명의 농민군은 백산에 모여 진용을 갖추고 전봉준을 총대장으로 삼았다. 그날 백산 땅은 흰옷을 입은 농민들로 빼곡하여 말 그대로 흰 산을 이루었다고 한다.

캬~ 많이도 모였구나!

일어서면 백산(白山 : 흰산)이고 앉으면 죽산(竹山 : 대나무산)일세. 하하하하하!

개혁으로 들끓는 산하

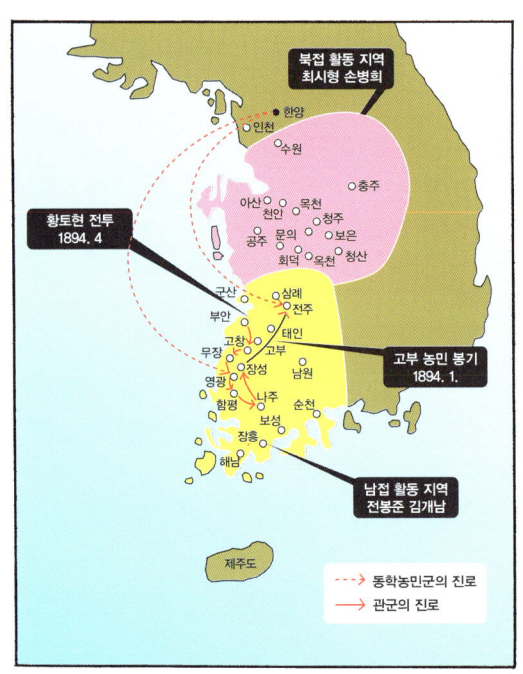

농민군은 백산에서 전주로 향하던 중 황토현에서 관군을 맞아 큰 승리를 거두었다(1894. 5. 10)

황토현 전적비

연이어 전라도 남쪽 일대를 열흘 남짓 휩쓸며 세를 불려 가던 농민군은 5월 25일 장성 황룡강에 다달아 서울에서 내려온 군사들을 물리치고 대포와 소총 등 많은 무기를 빼앗았다.

농민군은 녹두장군 전봉준을 더욱 더 굳게 믿고 따르게 되었다.

우리 대장은 총알도 손으로 잡는다며?

암. 우리도 주문만 외게 되면 총알을 피할 수 있다네.

*나졸: 조선 시대에 지방 관아에 속한 사령과 군뢰를 통틀어 이르는 말.

하지만 관군의 피해도 만만치 않아. 관군을 이끄는 초토사 홍계훈도 섣불리 전주성을 공격하지 못하고 있었다.

죽거나 다친 병사들보다 도망친 병사들 수가 더 많습니다.

농민군을 이끄는 전봉준이나 관군 초토사 홍계훈이나 사정은 달랐으나 고민은 같았다.

최시형 교주의 협조가 없으니 군사를 더 동원하기가 어렵구나. 군사들 사기도 점점 떨어지고 식량도 바닥나기 시작했으니 이를 어찌할고…. 또한 이제 농번기가 되었으니 농사를 짓던 농민인 우리 군사들은 마음이 온통 고향의 논밭에 가 있을 텐데…. 뭔가 돌파구가 필요해.

서울의 군사들까지 동원하였으나 저들을 깨기엔 역부족이야. 더구나 남원, 순창, 정읍의 농민군들까지 가세한다면 필시 우리는 패하리라. 가능한 빨리 이 사태를 마무리해야 할 텐데…. 뭔가 돌파구가 필요해!

개혁으로 들끓는 산하 **111**

일본 군은 국왕과 대신들을 인질로 잡고 조선 군을 투항하게 했다. 그리고 그들은 청과 가까운 민씨 세력을 몰아내고 대원군과 김홍집을 내세워 친일 정권을 세웠다.

대원군은 청에 끌려가지 않았나요?

1885년 청은 민씨 정권이 일본과 가까워지려 하자 다시 대원군을 귀국시켰지.

이번엔 우습게도 일본이 대원군을 내세운 거야.

하지만 대원군은 그저 허수아비에 불과했고

결국 이 모든 상황을 지켜보던 전봉준과 동학 지도자들은 다시 봉기를 결의하고 전국에 통문을 돌려 2차 봉기를 준비하게 된 것이다.

경기, 강원, 경상도로 통문을 돌려 총집결을 알리시오.

지금이 바로 그 시기로군요.

그렇다!

아, 그럼 또 전쟁이······.

좋았어!

역시 백성만이 희망이라니까!

4화 새야 새야 파랑새야

이곳은 농민군이 마지막 총력전을 벌였던 우금치 고갯마루다.

그 어느 때보다 농민군의 사기가 높다고 하셨잖아요.

그랬지! 하지만 역부족이었다.

5,000명에 달하는 일본 군이 조선에 들어왔다. 그들은 모두 서양식 대포와 신식 무기로 잘 훈련된 군사들이었다. 우리 정부를 도와 농민군을 토벌한다는 구실이었다.

무장한 일본 군

안타깝게도 농민군들의 간절한 바람은 꺾이었지만 그들의 희생은 결코 헛된 것이 아니었다.

흩어진 농민군 가운데 일부는 훗날 항일 의병의 선봉이 되었고

갑오년 농민들의 봉기는 두고두고 정의로운 저항의 본보기로 우리 역사에 남을 것이니라.

우금치 전적비

새야 새야 파랑새야
녹두밭에 앉지마라
녹두꽃이 떨어지면
청포장수 울고간다

슬픈 노래처럼 들려요.

요즘 백성들 사이에 떠도는 노래로구나.

새야 새야

해가 바뀌어 을미년(1895) 1월 7일. 종묘(왕실의 사당)에 국왕과 왕비, 왕세자, 대원군 및 문무백관이 모두 모였다.

국왕은 그곳에서 왕실 조상들께 제를 올린 후 '홍범 14조'를 직접 선포하였다. 내용의 핵심은 조선이 더 이상 청에 의존하지 않으며 왕가 종실이나 외척의 정치 참여를 금지하고 법치주의와 문벌 폐지를 통해 나라의 제도를 개혁한다는 것이었다.

그리고 1월 14일에는 사직단(나라와 곡식의 신을 모신 곳)에 국왕이 행차하여 한글로 된 '홍범 14조'를 선포하는 의식을 치렀다.

에이! 갑오년에 확 뒤집어졌어야 하는 건데.

그러게 말일세.

백성들의 판단이 정확했지.

일본은 더욱더 조선 내정에 간섭하려 들었고 이노우에는 최고 고문관이 되어 실권을 장악하였다. 심지어 국왕과 왕비에게 뇌물을 바치며 자신의 입지를 굳히고자 했다.

왕실 재정에 보태시길!

완전히 일본이 판을 치는군요.

그런데 뜻밖의 상황이 닥쳤다.

새야 새야 파랑새야 **139**

1895년 4월 17일, 일본 시모노세키에서 청·일 간에 조약이 맺어졌다.

지난 청일 전쟁의 결과로 일본의 승리를 확정짓고 청이 일본에 배상금 2억 냥을 지불하며 요동 반도와 그 주변 섬까지 일본에 내준다는 내용의 약조가 이루어진 것이다.

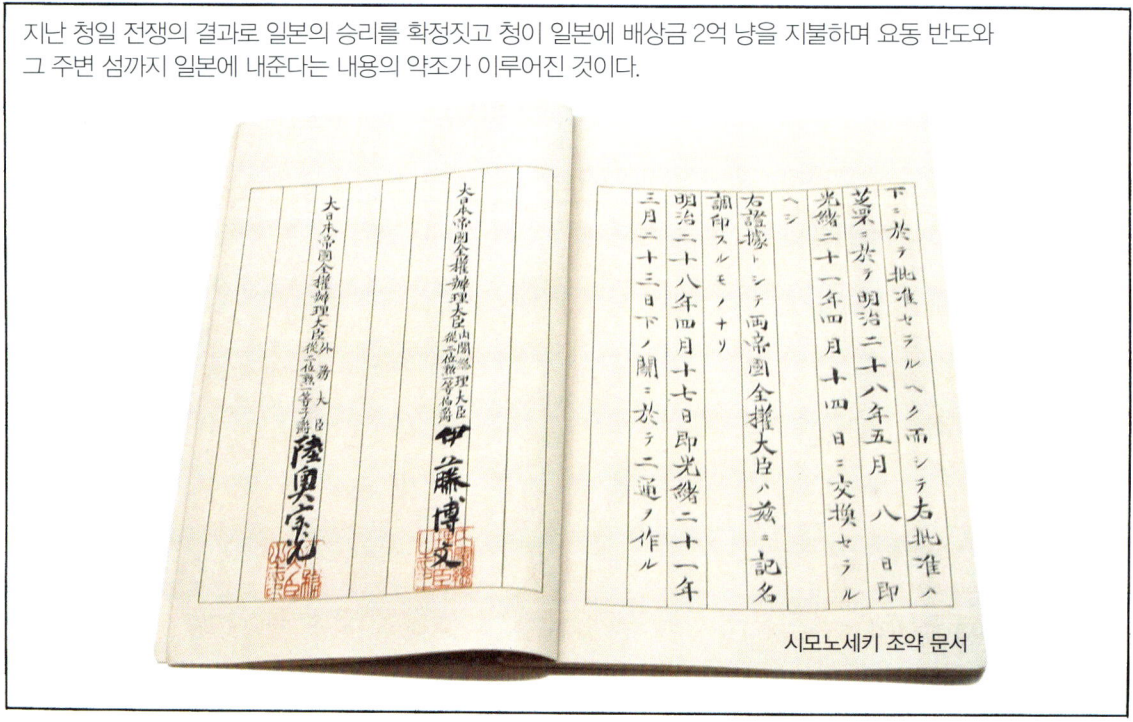

시모노세키 조약 문서

특이하게도 그 조약 1조의 내용은 '청은 조선이 독립국임을 인정한다'였다. 이로써 청을 제치고 일본이 실질적으로 조선을 지배하고 나아가 중국 대륙까지 넘볼 수 있는 발판을 다진 것이다.

이 조약이 세상에 알려지자 러시아가 가장 빠르게 대응하였다. 러시아는 일본에게 외교 각서를 보냈다.

일본이 요동반도를 차지하면 청과 갈등이 생겨 위태롭고 조선 독립에도 좋지 않으니 이는 극동 평화의 큰 걸림돌이오. 요동반도를 포기할 것을 강력히 권고드립니다.

이토 히로부미
(1841~1909)
당시 일본 수상.

당시 러시아는 일본보다 국력이 우세했다. 더구나 러시아가 프랑스와 독일을 설득하여 세 나라가 함께 권고하자 일본으로서도 더 이상 무시할 수 없는 상황이 되었다.

러시아 군함이 위협적인 항해로 압박을 가해 오고 있습니다.

상황이 어렵습니다. 영국과 미국에 도움을 청했지만 거절당했습니다.

끄~응!

러시아는 일본이 남하 정책의 걸림돌이 될 것이라 판단했고

프랑스 역시 자신들의 베트남 식민지가 위협당할 것을 우려했다.

독일은 프랑스와 러시아의 동맹이 자신에게 불리할 것을 염려하여 참여했다.

러시아를 끌어들여 일본을 축출하고 국왕에게 권력을 찾게 하겠다는 왕비의 계획은 성공하는 듯했다.

이노우에는 스스로 공직에서 물러났고.

7월에 군인 출신 미우라가 신임 공사로 왔다.

미우라 공사가 전하를 뵈옵니다.

미우라는 이노우에와 달리 공사관에만 틀어박혀 조선 정부의 일에는 통 관심이 없어 보이는 듯했다.

실제로는 엄청난 계획을 꾸미고 있었지만.

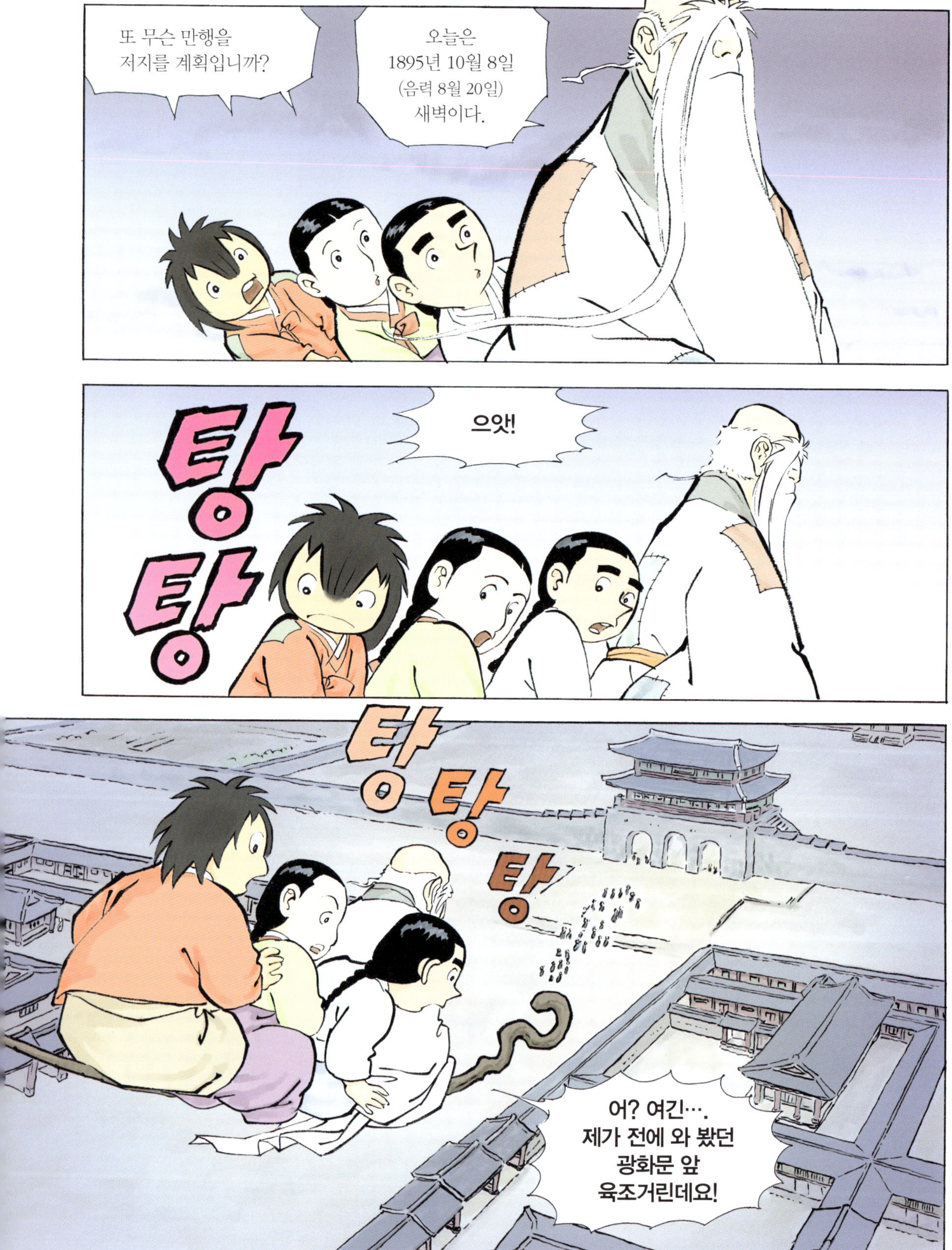

탕
탕
탕

일본 군인들 같아요.

그래! 군인들과 낭인들이다.

탕

궁궐을 지키던 병사들이 쓰러지고 있어요.

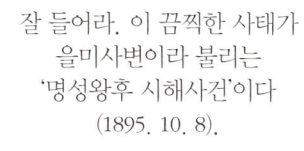

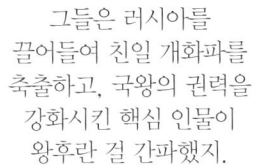

5화 대한 제국

처참한 일이 벌어졌는데도 풍경은 그저 고요하구나.

궁궐 안에 사람이 보이지 않아요.

그래! 지금 국왕은 이곳 경복궁에 살지 않는다.

오늘은 1897년 10월 12일. 을미사변 이후 두 해가 지났다.

2년 동안 어떤 일이 있었는지 궁금해요.

국왕과 정부 대신들은 어떻게 대응했는지….

백성들은 또 어땠는지요?

국왕을 위시하여 내각 대신들이 솔선수범한다며 상투를 잘랐다(11. 15).

그리고는 군인과 순검들을 도성에 풀어 지나가는 사람들을 붙잡아 무조건 상투를 강제로 잘랐다.

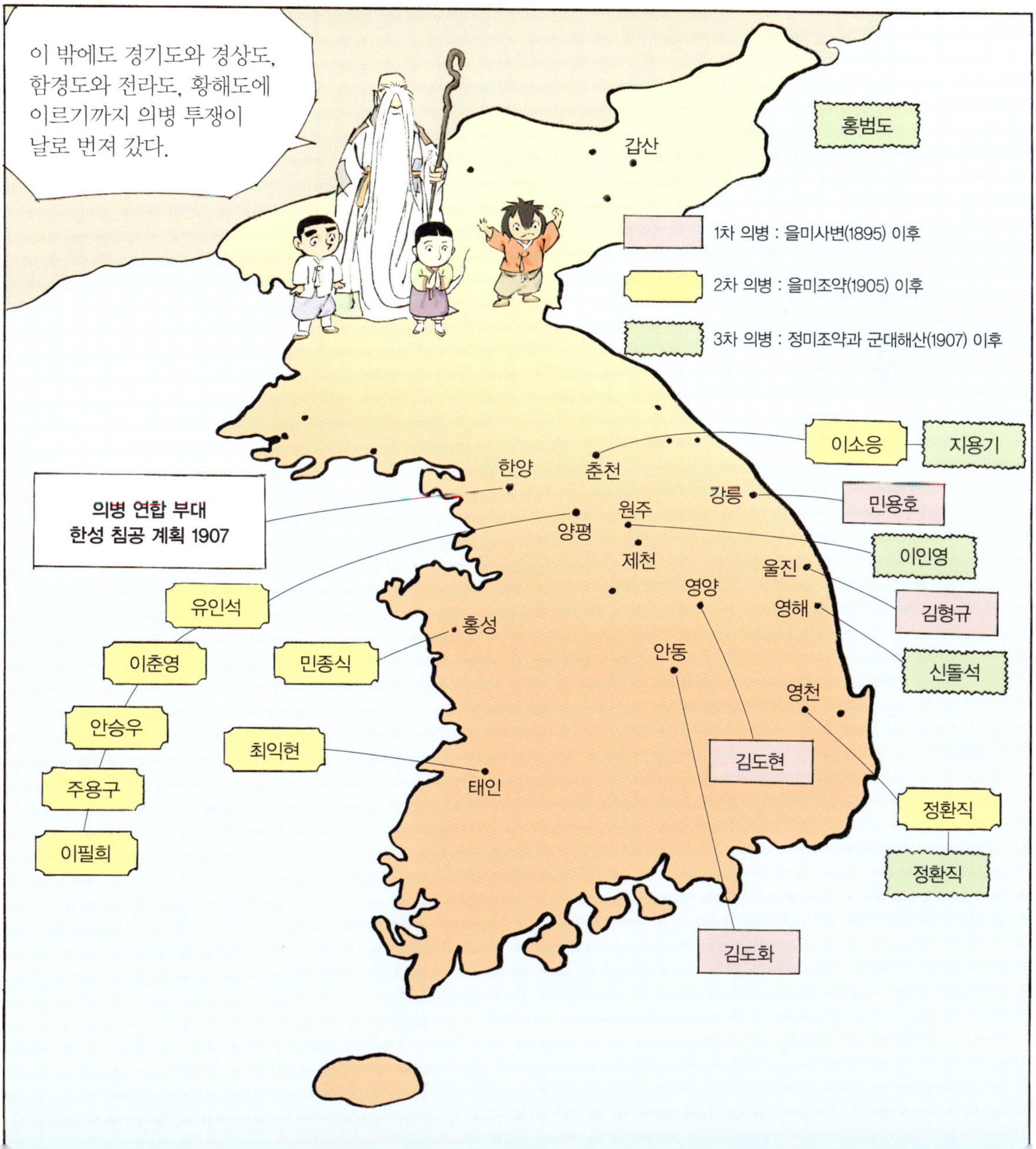

국왕은 도착 즉시 김병시를 총리대신으로 삼아 박정양, 이완용, 이윤용 들을 등용하고, 안경수를 경무사로 하여 친러시아파 대신들로 구성한 새 내각을 발표했다.

그리고 김홍집을 비롯한 친일파 대신들을 역적으로 지목하여 체포, 처형하라는 어명이 적힌 문서에 옥새를 날인하였다.

이른바 아관파천이 이루어진 것이다 (1896. 2. 11).

아관파천?

하지만 정부의 이런 회유책에도 불구하고 제천 의병장 유인석과 여주 의병장 민용호는 항일 운동을 이어갈 것이라며 그를 따르는 의병들과 함께 만주의 서간도 지역으로 떠났다.

이로써 의병 활동은 진정되었느니라.

그럼 이제 내각도 바뀌었고 국왕께서는 궁궐로 돌아가시겠네요?

국왕은 1년 동안 러시아 공사관에 머물렀다.

러시아도 조선에 대한 영향력을 놓치 않으려고 국왕이 계속 머물기를 원했지.

아니 이건 좀 심하지 않아요?

대한 제국 **171**

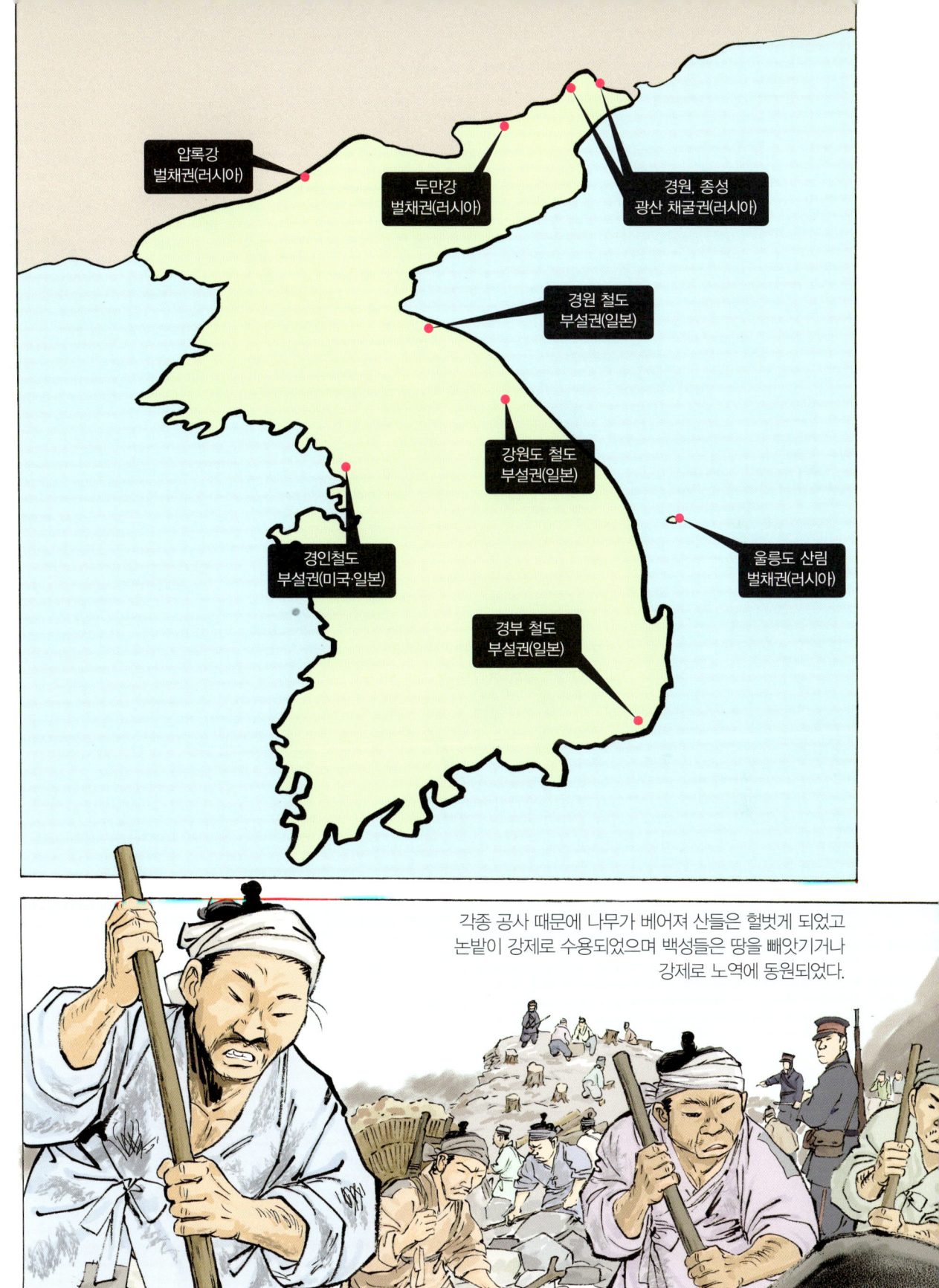

각종 공사 때문에 나무가 베어져 산들은 헐벗게 되었고 논밭이 강제로 수용되었으며 백성들은 땅을 빼앗기거나 강제로 노역에 동원되었다.

명성황후 국장

고종 황제

이때 황제의 대례복이 서구식으로 바뀌었다. 일상 예복인 소례복 또한 연미복으로 정해졌다.

땡 땡 땡 땡

서울 전차

으아~ 이제 뭐예요?

전차다!

증기 기관차

아아

와~ 우리도 한 번 타 봐요~

뛰어내리렴. 난 허리도 아프고 배도 고프다.

저것 봐. 기차 타려고 줄 서 있네!

부럽다.

뛰어 내리라니까

경인선 개통식

꺼르륵 맛있게 먹었당! 배불러~

오랜만에 포식했구나!

쩝 쭌

자알 먹었슴니다

아냐, 아냐. 맛있게 먹어 줘 오히려 우리가 고맙다!

이때부터 자연스레 활빈당의 활동이 사라졌으니 그들이 모두 의병에 가담했기 때문이 아닐까 생각한다.

잠깐 만요

러일 전쟁, 한일 의정서, 을사조약.

다 처음 듣는 얘긴데…. 뭔가 설명을 해 주시면 안 될까요?

누덕 형님이 모두 설명해 주지 않으셨어?

앉으셨는뎁쇼!

일본은 군사 시위를 하며 국민들을 겁주는 한편 일본 군 통역으로 있던 송병준(1858~1925, 친일 정치가)을 내세워 친일 단체인 '일진회'를 만들어 일본에게 유리한 여론을 퍼뜨리게 했다.

근대 문명으로 나아가기 위해 일본의 협조가 꼭 필요합니다.

러·일 간의 전쟁은 1905년 5월 29일, 러시아 발틱 함대가 대마도 해전에서 격침된 뒤 사실상 일본의 승리로 끝났다.

그해 9월 양국은 미국의 포츠머스에서 강화 조약을 맺고 일본의 승리를 확정지었다.

제1조 : 일본은 한국의 외교사무를 지휘한다.
제2조 : 일본의 중재없이 한국은 외국과 조약을 맺지 못한다.
제3조 : 일본은 한국에 통감을 두어 감독하며 통감은 황제를 배알할 권한을 갖는다.
제4조 : 모든 조약보다 이 조약이 우선이다.
제5조 : 일본은 한국 황실의 안녕과 존엄을 보장한다.

애초에 일본은 조약 체결 사실을 비밀리에 부치고자 했다. 하지만 11월 20일 〈황성신문〉이 이를 기사로 내어 폭로했다.

1889년 창간된 〈황성신문〉은 국민의 지식을 높이고 외세를 막겠다는 의지를 밝히며 창간된 일간지로서 애국지사 남궁억(1863~1939)이 초대 사장이었다.

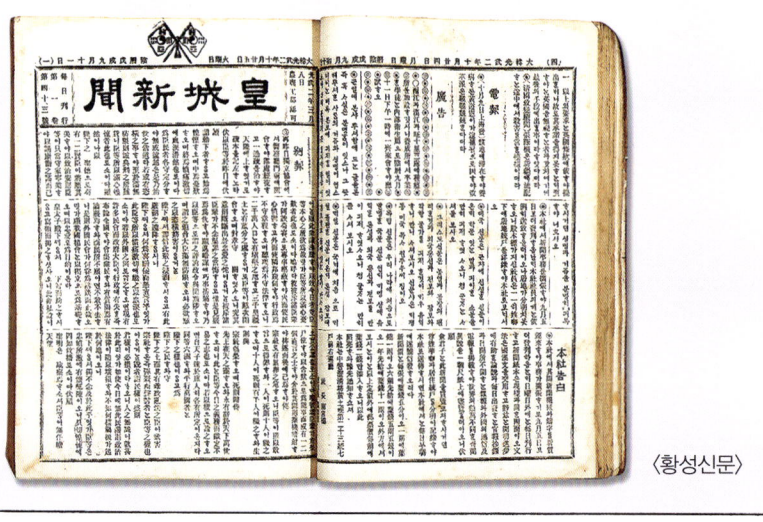

〈황성신문〉

이 신문은 조약이 체결된 과정의 문제점을 세세히 지적하고 조약 내용이 매우 굴욕적이란 점을 조목조목 밝혔다.
특히 발행인 장지연(1864~1921)이 쓴 사설 '시일야방성대곡 (오늘을 목 놓아 우노라)'은 국민들의 마음에 큰 격분을 불러 일으켰다.

장지연 시일야방성대곡

일본 헌병과 군사들은 닥치는 대로 시민들을 폭행하고 체포하였다.

1905년 11월 30일, 시종무관 민영환(1861~1905)을 비롯한 많은 대한 제국 관리들과 선비들이 스스로 자결함으로써 조약의 부당함을 알리고 대한 제국을 지킬 것을 호소하였다.

민영환

대한 제국을 선포한 지 얼마나 됐다고.

설마 이렇게까지 될 줄이야…

강직한 선비로 널리 알려진 최익현(1833~1907)이 전라도 태인에서 의병 부대를 이끌고 나서자 많은 백성들이 호응하여 따라 나섰다.

너희들 생각이 맞았어!

아니지. 우리 모두의 생각이 맞은 거지!

그래서 그 다음은 어떻게 되나요?

궁금해요. 어서 해 줘요~.

음….

그러니까.

조선 시대 말기 동북아시아의 정세와 대한 제국 선포

개항을 전후한 시기 조선을 둘러싼 중국과 일본의 동향은 어떠했을까요? 또한 조선이 1897년 대한 제국을 선포한 이유는 무엇일까요? 당시 조선을 둘러싼 국제 관계 속에서 어떤 의미가 있었는지 알아볼까요?

1 19세기 중반 조선과 동북아시아

 외세의 침략적 접근과 개항

1800년대에 들어서며 서양 세력이 본격적으로 조선에 진출했습니다. 서양에서 온 철선을 조선에서는 이양선(異樣船, 모양이 다른 배)이라고 불렀는데, 이양선은 탐험과 측량을 한다는 이유로 우리의 연해안에 들어왔다가 점차 통상을 요구하였습니다.

고종이 즉위한 후 권력을 장악한 대원군은 일단 서양 세력의 통상 요구를 거절하며 개방을 거부하는 이른바 쇄국 정책(鎖國政策)을 추진하였습니다. 천주교를 탄압하고, 중요 지역에 척화비를 세웠습니다. 척화비에는 "양이(洋夷)가 침범함에 싸우지 않는 것은 곧 화의(和議)하는 것이요, 화의를 주장함은 나라를 파는 것이다"라는 내용이 적혀 있었습니다. 대원군의 쇄국 정책은 1866년 프랑스와의 병인양요(丙寅洋擾), 1871년 미국과의 신미양요(辛未洋擾) 등 서양 세력과의 충돌을 겪으면서 더욱 굳건해졌습니다.

쇄국 정책을 펼치는 대원군과는 달리, 조선 내부에는 서양과의 통상이 필요하며 적극적인 개화 정책을 추진해야 한다는 세력도 있었습니다. 박규수(朴珪壽)나 오경석(吳慶錫), 유대치(劉大致) 등을 중심으로 한 일부 세력들은《해국도지(海國圖志)》와 같이 서양 문물을 소개한 책자들을 함께 읽고 토론하면서 개화 사상을 키워 나갔습니다.

이렇게 조선 내부에서 다양한 움직임이 전개되는 가운데, 대원군이 정치에서 물러나자 상황이 변하였습니다. 일본에서는 본격적으로 조선에 개항을 요구하면서 1876년 운요호 사건을 일으켰습니다. 조선은 끝내 일본 측의 요구를 거부하지 못하고 일본과 강화도 조약을 체결하면서 역사적인 개항을 하게 되었습니다. 그러나 개항은 조선의 주체적인 의사가 아닌 일본의 무력에 의해 이루어졌고, 체결된 조약의 내용 역시 불평등했습니다. 또한 청은 여전히 '종주국'이라는 지위를 이용해 여러 가지로 조선에 간섭하였습니다.

《해국도지》 중국 청나라 때 위원이 지은 세계 지리서. 세계 각국의 지리와 역사를 소개하고 서양 오랑캐를 막기 위해 서양 문명을 받아들여야 한다고 주장했다.

 ### 휘청거리는 중국

청(중국)은 동아시아로 진출하려는 서양 세력에게 매력적인 곳이었습니다. 청의 문을 처음으로 두드린 나라는 영국입니다. 당시 영국은 동인도회사라는 무역 회사를 통하여 영국에서 생산한 모직물과 인도에서 생산한 면직물을 중국에 수출하고, 청으로부터 차와 비단 등을 수입했습니다. 영국의 무역은 실패에 가까웠습니다. 영국 본토에서 중국산 차와 비단에 대한 수요는 증가한 반면 청의 영국산 물품에 대한 수요는 많지 않아 적자가 생긴 것입니다. 동인도회사는 이를 해결하기 위해 청의 정부에서 금지한 마약인 아편을 몰래 판매했습니다. 이로 인해 청에서 아편이 심각한 사회 문제로 대두하자 청 정부에서는 영국의 아편을 몰수하여 모두 불태워 버렸습니다. 그리고 이를 빌미로 영국에서 청에 전쟁을 선포하였는데 이것이 바로 아편전쟁입니다. 아편전쟁에 패배한 청은 1842년, 광둥을 비롯한 5개 항구의 개항을 약속하고 막대한 배상금 지불을 약속하는 난징조약을 체결했습니다. 이를 계기로 서양 세력은 본격적으

아편전쟁을 묘사한 삽화

로 청에 진출할 수 있었습니다.

서양 세력의 진출이 이루어지는 과정에 청나라 정부는 조선에 대해 지속적인 영향력을 행사하려고 하였습니다. 1882년(고종 19) 임오군란(壬午軍亂)이 발생하자 군함과 군대를 보내 개입하여, 대원군을 청으로 압송하는 한편 민비와 연대하여 일본을 견제하였습니다. 한때 조선에서 일본에 비해 우위를 점했던 청나라는 1884년 갑신정변(甲申政變)을 계기로 일본과 텐진조약(天津條約)을 체결, 군대를 모두 철수하였습니다. 하지만 청나라는 기회가 있을 때마다 조선에 대한 '종주국'의 지위를 강조하며 개입하였고, 1894년 동학농민전쟁 진압을 명분으로 조선에 군대를 파견했다가 일본과 전쟁(청일 전쟁)을 일으키기도 했습니다. 이 전쟁에서 청나라 군대는 일본 군에게 빈번히 패하고 결국에는 항복하였습니다. 이로써 청나라는 일본에게 우위를 내주었을 뿐만 아니라 당시 중국에 진출한 서양 세력의 침탈에 휘청거리게 되었습니다.

청나라 군대와 전투 중인 일본 군의 모습 청일 전쟁의 패배로 청은 조선에서 일본에게 우위를 내줄 수밖에 없었다.

약진하는 일본

일본은 미국이 1800년대 중반부터 개항을 요구하자 처음에는 응하지 않다가 1854년 그 요구를 받아들여 서양 세력과 교류하기 시작했습니다. 개항 당시 일본은 막부(幕府) 체제였습니다. 막부 체제란 천황이 상징적인 존재로 있고, 막부의 우두머리인 쇼군이 정권을 운영하던 체제를 말합니다. 개항과 함께 일본은 여러 가지 변화를 경험하게 되었습니다. 물가 상승 등으로 인한 백성들의 불만이 높아졌고, 일부에서는 이를 해결하기 위해 천황이 실제적으로 다스리는 정부를 세워야 한다는 요구들이 나왔습니다. 그 결과가 메이지 유신으로 이어졌습니다.

메이지 유신은 기존의 막부 체제를 무너뜨리고 천황 중심의 왕정을 이룩한 개혁을 말합니다. 봉건 체제 폐지와 부국강병(富國强兵)을 내세우며 근대적인 군사와 산업 정책이 추진되었습니다. 주식회사와 은행이 새롭게 설립되었으며, 외국인 기술자를 초빙하여 기술을 훈련하고 교육 제도가 개혁되고 서구의 각종 문물이 수입되는 등 비약적인 변화를 거듭하였습니다. 메이지 유신을 계기로 일본은 서양 세력과 본격적으로 교섭하는 한편 동북아시아의 이웃 나라에 대한 침략 정책을 본격적으로 추진하였습니다.

메이지 천황의 행차 1868년 3월, 최후의 일전에서 승리한 메이지 천황이 교토에서 도쿄에 입성하는 모습을 담고 있다.

2 왕의 나라에서 황제의 나라로

 칭제건원(稱帝建元) 운동의 전개

칭제건원이란 왕(王)을 황제(皇帝)라 부르고 독자적으로 연호를 세우자는 것입니다. 연호란 왕조 국가에서 임금이 자신이 다스리던 시기에 붙이는 칭호입니다. 조선 시대에는 따로 연호를 세우기보다는 중국의 연호를 그대로 사용하였습니다. 1897년(고종 34) 5월 전직 승지 출신 이최영이 왕을 황제로 부르자는 상소를 제출하였는데 이런 요구는 유생들과 상인, 조정의 대소 신료들까지 가담하면서 더욱 확산되었습니다. 그 배경에는 외국 세력에 대한 반감이 있었습니다. 당시 조선은 갑오개혁을 비롯해 일본 측의 민비 시해, 아관파천 등으로 외국 세력의 간섭이 고조되고 있었습니다. 조정에서는 일본의 무력행사에 대한 대안으로 러시아의 지원을 기대하였으나, 러시아는 도움을 주기보다는 이권을 찾기에 급급하여 광산 개발권이나 삼림 채벌에 대한 권한 등을 가져갔습니다.

이런 상황 속에서 국왕과 왕실의 실추된 권위 회복을 통해 민족적 자존심을 지키자는 운동이 제기되었습니다. 대표적인 것이 독립협회의 활동입니다. 독립협회에서는 국민들의 성금을

모아 예전에 청나라 사신을 맞이하던 영은문 자리에 독립문을 세웠고, 〈독립신문〉에 자주독립과 관련된 논설을 실어 국민들의 의식을 함양하는 데 주력하였습니다. 이와 같은 민족 자주에 대한 사회적 분위기가 결국 칭제건원 주장과 대한 제국의 공식 선포로 이어진 것입니다.

대한 제국의 성립

1897년 10월 13일 고종은 대한 제국을 공식 선포하며 황제로 즉위하였습니다. 연호는 광무(光武)였습니다. 황제 즉위식에서 고종은 '대한'이라는 국호를 선택한 이유에 대해 "단군과 기자 이후 강토가 분리되어 서로 패권을 다투다가 마한·진한·변한을 통합했으니, 이것이 삼한을 통합한 것"이라고 하며 "황제의 칭호를 선포한 것은 온 나라 백성들의 마음에 부합하는 것이다. 낡은 것을 없애고 새로운 것을 도모하여 교화를 시행하여 풍속을 아름답게 하려고 한다"라고 의지를 다졌습니다.

대한 제국이 선포되면서 변화가 뒤따랐습니다. 먼저 왕실과 관련된 호칭이 바뀌었습니다. 역대 국왕과 왕비의 신위를 모시는 종묘(宗廟)와 농업 국가에서 가장 중요한 토지의 신과 곡식의 신을 모시는 사직(社稷)을 태묘(太廟)와 태사(太社)·태직(太稷)으로 바꾸었습니다. 국왕은 황제로, 민비는 황후(皇后)로 책봉되었습니다. 무엇보다 큰 변화는 하늘에 제사를 지내게 되었다는 것입니다. 이전까지는 중국 중심의 사회였으므로 하늘에 제사를 지낼 수 있는 사람은 중국의 천자뿐이었으나, 대한 제국이 선포되면서 조선의 황제도 하늘에 제사를 지내게 된 것입니다.

대한 제국 정부는 1899년 8월 17일 법규교정소에 마련한 9개조 이루어진 〈대한국 국제〉를 발표하였습니다. 〈대한국 국제〉의 제1조에서는 대한국이 세계 만국에 공인된 자주독립한 제국임을 선포하였습니다. 또한 〈대한국 국제〉에서는 입법과 사법, 행정, 군사, 외교 등

원구단의 모습 황제가 하늘에 제사를 드리기 위해 만든 제단으로 고종이 이곳에서 대한 제국 황제 즉위식을 거행하였다.

국가의 모든 영역에서 황제권을 강화하였습니다. 이에 의거해 1899년 9월 대한 제국과 청나라 양국 황제의 명의로 호혜평등의 원칙에 입각한 통상조약이 새로 체결되었습니다. 중국과의 종속 관계가 청산되었음을 의미합니다.

 옛것을 근본으로, 새것을 참고한 개혁

대한 제국 선포 이후 고종은 여러 방면에 걸쳐 개혁을 단행하였습니다. 당시 개혁의 기본 방향은 구본신참(舊本新參), 즉 옛것을 근본으로 하고 새것을 참고한다는 것이었습니다. 군사적으로는 원수부(元帥府)를 설치해서 모든 군사력을 황제에게 집중시키는 한편 최초의 근대적 지방 군대인 진위대(鎭衛隊)를 대폭 증설하였습니다. 고종은 대원수를 상징하는 프로이센식 군복을 착용하기도 하였습니다. 자주적인 외교 활동도 추진하였습니다. 블라디보스도크와 간도 지역에 이주한 교민을 보호하고 장차 이 지역을 영토로 편입하기 위해 해삼위통상사무관과 북변도관리를 설치하였습니다.

국가의 조세 수입을 늘리기 위한 제도도 시행되었습니다. 대표적인 것인 양전(量田) 사업으로, 양전 사업이란 토지 조사 사업을 말합니다. 1898년 양지아문(量地衙門)을 설치하여 토지 조사 사업을 실시하고, 이를 근거로 해서 토지 소유주들에게 근대적인 토지 증서인 지계(地契)를 발급하였습니다. 상공업의 육성 정책도 추진하여 농업이나 운수 등 각 부분별 근대적인 회사를 설립하였고, 기예학교와 상공학교, 외국어학교, 의학교 등 근대적인 기술학교를 세워 상인과 기술자를 양성하고자 하였습니다. 외국에 유학생을 파견하여 산업 기술을 습득하게 하기도 하였지요.

위와 같은 대한 제국의 성립과 개혁은 제국주의 열강의 침투 속에서 자주독립의 방책을 찾으며 근대 사회로 발전을 꾀하기 위한 움직임이었습니다. 다만 러시아, 일본의 경제적·사회적 침탈이 상당히 진행된 상태였기에 한계는 명백히 있을 수밖에 없었습니다.

연표로 보는 조선 시대와 대한 제국

1881년   신사 유람단 파견

1882년   임오군란, 미국, 영국, 독일 등과 통상 조약 체결.

1884년   갑신정변, 우정국 설치

1885년   서울과 인천 사이에 전신 개통, 최초의 근대식 병원인 제중원 설립

1889년   조병식이 방곡령 실시

1894년   동학 농민 운동, 갑오개혁

1894년   청일 전쟁 시작

1895년   청일 전쟁에서 일본 승리, 을미사변

1896년   고종이 러시아 공사관으로 피신(아관파천), <독립신문> 발간, 독립 협회 결성

1897년   국호를 대한 제국으로 바꾸고 고종이 황제가 됨

1898년   만민공동회 개최

1899년   서울 구로와 인천 사이에 경인선 개통

1900년   한강 철교 완공

1904년   러일 전쟁 시작, 한일 의정서 강제 체결

1905년   러일 전쟁에서 일본 승리, 을사조약 체결

조선의 역대 왕들

| 조선의 역대 왕들 |

1대 태조 (1392년~1398년) ⋯ 2대 정종 (1398년~1400년) ⋯ 3대 태종 (1400년~1418년) ⋯ 4대 세종 (1418년~1450년) ⋯ 5대 문종 (1450년~1452년) ⋯ 6대 단종 (1452년~1455년) ⋯ 7대 세조 (1455년~1468년) ⋯ 8대 예종 (1468년~1469년) ⋯ 9대 성종 (1469년~1494년) ⋯ 10대 연산군 (1494년~1506년) ⋯ 11대 중종 (1506년~1544년) ⋯ 12대 인종 (1544년~1545년) ⋯ 13대 명종 (1545년~1567년) ⋯ 14대 선조 (1567년~1608년) ⋯ 15대 광해군 (1608년~1623년) ⋯ 16대 인조 (1623년~1649년) ⋯ 17대 효종 (1649년~1659년) ⋯ 18대 헌종 (1659년~1674년) ⋯ 19대 숙종 (1674년~1720년) ⋯ 20대 경종 (1720년~1724년) ⋯ 21대 영조 (1724년~1776년) ⋯ 22대 정조 (1776년~1800년) ⋯ 23대 순조 (1800년~1834년) ⋯ 24대 헌종 (1834년~1849년) ⋯ 25대 철종 (1849년~1863년) ⋯ **26대 고종 (1863년~1907년)** ⋯ 27대 순종 (1907년~1910년)